AF209137

Vorwort

Dies ist eigentlich gar kein richtiges Buch. Es ist jedenfalls keines, mit einer riesen Geschichte oder weitreichenden Erzählungen. Es ist vielmehr eine humoristische Variante, zur Erklärung von schwierigen Satzstellungen. Es gibt Menschen, die viel reden, aber dabei nicht viel sagen. So ist es z. B. in der Politik. Wer dort viel redet, ohne viel zu sagen, hat schon gewonnen. Und manchmal, wenn man sich unterhält, fragt man sich zu Hause, was wollte das Gegenüber mir eigentlich sagen? Und in diesem Werk stelle ich nun solche Aussagen vor und verwirre dabei ein bisschen die Menschheit. Das macht Spaß und außerdem sollte der Mensch viel öfter lachen, als immer ernst herumzulaufen. Freuen Sie sich einfach auf den Inhalt dieser, meiner Arbeit und genießen Sie den Augenblick. Man muss nicht immer alles verstehen, dann muss man nämlich auch nicht immer alles Können. Die Welt ist schön und das Leben ist ganz einfach, wenn wir manche Leute einfach reden lassen und glauben Sie nicht, dass diese Leute sich manchmal selbst richtig verstehen. Na und….?

Mensch, jetzt sind wir aber verwirrt!

******

Logik ist ein einheitlicher Gedanke, im
Zentrum des eigentlichen Vorhabens, auf
der Basis von Wissen.

******

Das eigene Selbst, ach gar so fremdlich,
im Sinne von Angst.

******

Freude, ein Ausdruck von Sensibilität, auf dem Niveau präziser Gefühle.

******

Verantwortung verlangt ausdrucksvolles Gehabe im Zusammenhang mit wertvoller Intuition.

******

Basis des Lebens ist die Freundschaft

zwischen Freude und der Liebe am Sein,

in Harmonie anderer wertvoller Zielsetz-

ungen.

******

Zusammenhänge erkennen bedarf äußerst

präziser Erkenntnisse und logischer Ver-

knüpfungen einhergehender Visionen.

******

Probleme sind negative Formen von falsch praktizierten Denkweisen.

******

Qualität und Quantität von intelligentem Gedankengut, kompensiert mit spezifischen Emotionen signalisiert höchsten Aktivitätsstandard.

******

Wenn Sie nichts verstehen, aber verstehen

wollen, dann müssen Sie zuerst verstehen,

dass Sie nur dann verstehen können,

wenn Sie es verstehen sollen.

So ist die Politik.......

******

Die Erde dreht sich um sich selbst und auf

der Erde dreht sich alles um uns. Es ist

eben eine recht verdrehte Welt.

******

Die Kommunikationsfähigkeit einiger
Menschen ist befremdlich, liegt die Einfachheit dessen doch im Detail, nämlich
in der Wortwahl.

Weniger, ist dann doch mehr...

******

Stimulanzen im Bereich der Logik, ergeben sich aus Wahrnehmungen, kompensiert mit gedanklichen Übereinstimm-
ungen, des realen Zustandes.

******

Gesetze sind fest verankerte grundsätzliche Übereinkommen mit Personen, die Gesetzeswidrigkeiten verpönen, aber nicht grundsätzlich ausschließen oder verneinen.

******

Absolute Einhaltung firmeninterner Gesetze hat das positive Resultat zur Folge, dass nicht kalkulierbare Fehlstellungen ausgeschlossen sind.

******

Die korrekte Addierung aller Taten einer

Idee sind gewonnene Erfahrungen im

streng strukturiertem Existenzniveau.

******

Aus einer perfekten Vorbereitung heraus,

resultiert ein exakt durchdachtes System

mit Präzision.

******

Bedeutung von:

Der Gedanke, die Idee, die Ausführung

Konzentrierte und intelligente Gedanken-

struktur, kumuliert mit Ideenreichtum

und konkretem Meinungsaustausch auf

der Basis einer logischen Inspiration.

******

Die Lösung eines Problems beruht auf

der Akzeptanz, die Ursachen des Problems

anzunehmen und sie zu erforschen.

Das „Sein" und das „Werden" genießen

Priorität, weil das „Ist" eigentlich schon

„War".

******

Der Mensch ist exzellent konstruiert. Er

erlebt einen Augenblick und versucht, ihn

zu analysieren, statt ihn anzunehmen und

zu akzeptieren. Er ist eben kontinuierlich

skeptisch.

******

Die Erreichung des geforderten Potentials

lässt sich durch die Qualität der mehr-

fach aufgebauten und/oder gegebenen

Aspekte erklären.

******

Die Gestaltung eines Planes verlangt

konsequenten Respekt vor der tatsäch-

lichen Ausführung, unter Einhaltung vor-

gegebener Prinzipien.

******

Die Logik ist ein Phänomen des Denkens.

Das Denken ist aber auch ein Phänomen

der Logik.

******

Die Lösung eines Problems beruht auf

der Akzeptanz, die Ursachen des Pro-

blems anzunehmen und sie zu erforschen.

******

Die Qualität eines Gedanken misst sich

an der exakten Vorbereitung der entstan-

denen Idee.

******

Eine bloße Wahrscheinlichkeit rechtfertigt

nicht das System einer Lösungsfindung,

sondern differenziert erheblich die Tat-

sache des zukünftigen Tuns.

*****+

Eine Aktualität ist eine Tatsache der

Gegenwart, wo die Vergangenheit bereits

gegriffen hat.

******

Systematische Qualifikationssuche ver-

schleiert den Blick für effektive, ehrliche

und gehaltvolle Wahrnehmungen im Be-

reich absoluter und exakter Struktur.

******

Die Erklärung einer Bedeutung, im arbeitstechnischen Bereich, basierend auf logischen Zusammenhängen, ist ein wichtiger Baustein.

******

Konsequente Einhaltung, aller vorgegebenen Maßstäbe, erhöht die Qualität des später vorliegenden Resultates.

******

Komplikationen sind Irrtümer weitreich-

ender Fehldiagnosen, im Sinne von

unausgewogener Kenntnisse.

******

Die Differenz zwischen Logik und Unlo-

gik, beansprucht, realistisch gesehen,

keinen großen Raum.

******

Selbstanalysen führen zeitweise zu de-

pressiven Verstimmungen, inklusive Alp-

träumen, in Bezug auf die Selbsterkennt-

nis eigener Intelligenz.

******

Eine gründlich geplante Prophylaxe kann

im Zweifelsfall spektakuläre Differenzen

verhindern und damit gänzlich ausschlies-

sen.

******

Kommentarlosigkeit bedeutet nicht gleich;

stumm sein. Obwohl das Wort fehlt, be-

günstigt dies nicht die Kommunikation der

Gedanken.

******

Analytische Verfahren ebnen den Weg

zur Perfektion eines Bestandteils im lo-

gischen Bereich der Gesamtheit.

******

Die Definition von Ironie ist eine zwie-

spältige Aussageform im eigentlichen

Sinn.

******

Konsequente Einhaltung aller vorge-

gebenen Maßstäbe, erhöht die Qualität

des später vorliegenden Resultates.

******

Eine konsequente Korrektur bestehen-

der Überlegungen, bietet unter Umständen

eine Lösung für fehlerhafte Vorstellungen

vom eigentlich exakt durchdachten

Arbeitsstatus.

******

Eine Umstrukturierung des Gedankengu-

tes, unter einem positiven Aspekt gesehen,

erhöht unweigerlich die Qualität der dar

aus resultierenden Tatumsetzung.

Fakt: Probleme und Komplikationsempfinden

Lösung: neues Denken und einfügen von punktueller Einfachheit.

******

Prinzipiell beruht eine Meinung auf vorgefertigten Strukturen. Abgesehen von den gestellten Prinzipien lässt sich aber auf rein logistischer Ebene ändern.

Rein funktionelles Denken beeinflusst rigoros die Summe allen Tuns, basierend auf logistischen Konsequenzen.

******

Systematische Qualifikationssuche verschleiert den Blick für effektive, ehrliche und gehaltvolle Wahrnehmung im Bereich absoluter und exakter Struktur.

******

Eine 100%ige Arbeitsleistung lässt sich durch Motivation, Zuhören und Vertrauen erzeugen. Enttäuschungen auf diesem Ressort führen zu Fehlerquellen und Rückfluss in die demotivierte Moral.

******

Die Notwendigkeit einer Reform, bereichsübergreifend, erfordert eine genaue Analyse des gegenwärtig funktionierenden und realen Istzustandes.

Die Wahrhaftigkeit einer logischen Deutung im Zusammenhang mit einer einwandfreien Darlegung der optimalen Gesamtheit, liegt nicht immer im Ermessen des menschlichen Darlegungsprozesses.

******

Die Abwertung eines Preis-Leistungsverhältnisses wird erst mit einer Stornierung dramatisch, aber keinesweg unhaltbar.

Die logische Zusammensetzung einer

Problemlösung:

Die absolute Zentrierung einer Lösungs-

formation ergibt sich aus logischen Denk-

weisen sowie kompakten Überlegungsfor-

men, im Einklang mit anwendbaren Opti-

mierungen.

Daras resultiert die Einfachheit einer ak-

zeptablen Umkehrung ins Positive.

Eine deutliche Minimierung des Problem-

status hat zur Folge, dass die auf arbeits-

intensivem Niveau basierenden Lösungs-

suchen erheblich abnehmen und damit die

zeitspezifische Aktualität verlieren.

******

Abgründe sind steile Stufen in die Hölle.

Zum Himmel geht es immer hinten raus.

******

Die Einzigartigkeit einer Vision ist die

Erfüllung eines Traumes durch vorheriges

Zusammenfügen von gedanklichen Bild-

zellen zum Ganzen.

******

Die Faszination des Lebewesens Zelle be-

ansprucht die komplexe Aufmerksamkeit

für das Grundbild der biologischen Ab-

straktheit.

******

Konkurrenzdenken erhöht die Kampf-

bereitschaft über dem normalen Modus

hinaus.

******

Symptome sind Beweismittel zur Krank-

heitsfindung in Bezug auf spezifische

Merkmale.

******

Wir suchen in der Abstraktheit den wah-

ren Ursprung der Normalität, mit abwe-

gigen traumatischen Verbindungsaktio-

nen.

******

Logik entbehrt jeglicher Erklärung, da sie

rein ist.

******

Lehrreiche Aktionen in Bezug auf Lebens-

intensität benötigt komplexe Ausarbeitun-

gen des zukünftigen und gegenwärtigen

Zyklus.

******

Abweichende mathematische Berechnun-

gen zur Begünstigung einheitlich geplan-

ter Projekte, bedürfen konsequenter Kon-

trollen.

******

Ausnahmesituationen in prägnanten Le-

benssituationen dürfen nicht im Gesetz

der Regelführung Fuß fassen oder sogar

chronisch platziert werden.

******

Die Gedankenflut im menschlichen Ge-

hirn ist verbunden mit visionären Bilder-

galerien, in seiner Komplexität, jedes Ne-

gative auszuschließen.

******

Die Logik eines gesprochenen Wortes ist

nicht gleich freundschaftlich verbunden

mit tatsächlichen grundsätzlichen Gedan-

ken, gleicher Art.

******

Die Kapazität geistiger Vorstellungen er-

höht sich um den Zusatz von intelligenten

Rubriken in Bezug auf toleranter Ebene.

******

Die Glaubhaftigkeit eines gesprochenen

Wortes ist veränderbar in seiner gesamten

Form und dessen gewollter Darlegung.

******

Die Gesamtheit verschiedener Teilchen

wird astronomisch zunehmen, wenn die

Teilbarkeit dessen, auf höchstem Niveau

funktioniert.

******

Die Konfusität eines Menschen ist die

plötzliche Vernichtung von Grundsätzen

und langjährigen oder aber auch aktuellen

Erfahrungen.

******

Nichts ist unmöglich, aber die Möglich-

keit, dass Unmögliche als Möglichkeit

zu entlarven, lebt immer.

******

Die Sichtweise, wenn du auf einem Berg

stehst ist anders, als wenn du auf einer In-

sel stehst. Obwohl; Sicht gibt es überall,

nur anders.

******

Konkrete Vorstellungen von einer Sache

vereinfachen die Erstellung zur Tatsache,

weil sie bewusst gewollt ist.

******

Unschöne Träume sind Vernarbungen der

Seele, die psychologisch gesehen Vorbo-

ten von Krankheiten sind, umhüllt von

abnormer Gestaltung.

******

Unlogische Sichtweisen erschweren die

zielgerechte Informationsgebung, hin-

sichtlich größerer Ideen.

******

Das komplexe Denken eines Menschen

kann gestört werden, durch logikabwei-

chende Kriterien im Zusammenhang mit

Zerstörungswillen.

******

Die Funktion eines Planes erhöht im wie-

testen Sinn die Reproduktion einer Idee.

******

Abhängigkeit zur Normalität stört die Un-

abhängigkeit zum Mut.

******

Das Absolute ist einhergehend mit dem

Unveränderlichen, stark und unbiegsam,

doch nach der Lehre der totalen Einheit

nicht unbedingt unregulierbar.

******

Es ist einfacher, etwas mit Worten zu ändern, als mit Taten. Tatsächlich ändern Worte nur die Struktur bzw. die Oberfläche des vorliegenden Problems, aber nicht den tieferliegenden Zyklus, der ausschlaggebend und führend ist.

******

Ordnung in der Unordnung zu suchen, ist, wie ein Quadrat in einem Kreis zu berechnen. Absolut machbar.

Die Phase zur Individualitätsfindung wird verkürzt, indem die Probeeinheit der Zulassungsmöglichkeiten gewährleistet ist.

******

Die Einfachheit liegt im Ursprung, deswegen sind zukünftige Fehlerquoten rückläufig, mit bereits gelösten vergangenen Ojekten.

******

Die in einem System enthaltenen Vor-

gaben bedürfen ständiger Kontrolle,

da die Richtigkeit der Grundlagen ver-

ankert ist.

******

Wenn alles so ist, wie es scheint, dann ist

die Realität nicht anders, als die Vernunft

vorgibt.

******

Abnormitäten sind gängig, weil sie Langeweile verhindern.

******

Ein gleichbleibendes System, wo auch immer, verhärtet die Denkstruktur, insbesondere bei Denkmustern, die wandelbar sind.

******

Alles ist gut, wenn Mut zur Laune gehört.

******

Ein einheitliches Konzept zur Vermeidung von steigenden Fehlerquoten ist die Einhaltung von logischen Lösungsmodulen.

******

Der Ruf nach Liebe, verhallend in der Weite, im Ursprung des Lebens, doch sie ward.

******

Die Antwort verbleibt ungestört im Raum

der Zeit, vorübergehend sterbend im Jetzt.

******

Stumm sind die Gedanken, lachend der Eifer des Glaubens und doch verloren im Gestirn.

******

Teilweise ist vom Ganzen ein Stück minimiert auf begrenzte Werte.

Schatten belegen die Nacht, doch die Dun-

kelheit birgt ein Licht der Finsternis.

******

Wissen ist nicht können, obwohl die

Macht des Wissens, das Können be-

einflußt, auf dem Weg der Erkenntnis.

******

Im Strom zu fließen, gegen die Welle der

Zeit, dem Abgrund nahe, der Leben heißt.

Ideen akzeptieren, Gedanken träumen,

fliegen lassen, so schwer der Wunsch.

******

Ja zu sagen im verneinenden Augenblick

der Tat, hat Stärke.

******

Das Wissen hat Stärke selbst im Sog der

Unendlichkeit und doch unsicher.

******

Die Zeit läuft schnell, überall hin und weg

und führt zu nichts im Verlauf.

******

Einsicht dient zur Vorsicht, damit die

Nachsicht nicht durch falsche Umsicht,

degradiert wird.

******

Die Angst ist Stärke im Umfeld der Ge-

fahr. Abstrakte Tat im Visier.

Freude bringt der Einsatz von Glück im Außen zum persönlichen Kapitel des Umbaus.

******

Die Vergangenheit ist der Freund der Zukunft, weil die Gegenwart beeinflussbar ist.

*****

Vertrauen hält die Schuld in Atem.

Wir rächen uns an den Taten, die der Seele

Tränen bringen und doch so schwer die

Wahl.

******

Der Wind weht Sorgen fort, der Sturm

bringt sie zurück.

******

Die Wahrheit schlägt sich mit der Lüge im

Trauma der Unendlichkeit.

Abgrundtief ist der Hass, das Monopol für

Unlogik.

******

Spannend ist die Legende der Aufrichti-

gen, kämpfen sie doch für die Wahrheit;

doch verloren ist der Weg.

******

Laufe zum Glück, aber renne dem Untod

fort.

Gemeinsam sind wir stark, alleine fehlt

der Umgang zum Bösen.

******

Bilder des Lebens sind Eindrücke.

Sie verhallen im Strudel der Schmerzen.

******

Ein Eid ist ein Versprechen zum Trotz der

Ablehnung. Weise ist alles.

******

Die Flagge erhoben, zum Lächeln, der

Weg endlos, vorbei.

******

Worte lehren dich Gutes, das schlechte

Wort stirbt am Gedanken.

******

In Würde sterben, mit Stolz vergehen,

aufblühen mit Hoffnung.

******

Fehler im Ursprung des Willens, fatal

zerbrochen.

******

Gefühle des Irrsinns, verglichen mit

stolzer Stimme des Leids.

******

Tränen der Liebe vertrocknen im Schein

der Wahrheit. Ungerecht und zerfließend.

******

Der Weg ist weit, jedoch das Ziel ist näher

als zuvor.

******

Warte auf die Worte des Trostes.

Der Kampf ist zu Ende, der Krieg be-

ginnt.

******

Der Augenblick ist kostbar. Unnütz sind

die Stunden der Fragen.

Der Wahnsinn ist der Feind der Logik,

abstrakte Gedanken, der Krankheit zuvor.

******

Ein Stein ist lautlos, die Stimme ist der

Wind.

******

Der Wille ist Macht, aber es macht viel

aus, wenn du nicht willst.

Kontrahenten im Vergleich zum Kampf

der Gelehrten. Verlust auf der Straße des

ungewollten Tun.

******

Gleichheit in der Mehrheit, abwechselnd

im Radius der Lehre.

******

Glaube im Einklang der Natur, aufbauend

in der Einheit der Resonanz, im Rahmen

der Ursache.

Systemänderungen im laufenden Verfahren ergeben analytische Bausteine der Erneuerung.

******

Wahrheiten vergehen, wenn Lügen eine Geburt überstehen.

******

Die Eitelkeit birgt Gefahren des Unmuts, auf der Basis der Enttäuschung.

Verachtend sind Gedanken des Todes, um

das Leben einzuschläfern.

******

Alles ist Wahrheit. So lange die Lüge ver-

steckt bleibt, in der Höhle des Irrglaubens.

******

Respekt verdient Ruhe in der Anhörung

seines Sinns.

******

Freidenker haben Mut, sie treffen die

Zeugen der Gegenwart im Gewand der

Vergangenheit. Allein.

******

Das Ende ist da, Anfang aller Vorhaben,

wenn nichts mehr geht.

******

Prioritäten sind Zähleinheiten der Augen-

blicke.

Angst kennt keine Grenzen, nur Mut trägt

Mauern zum Kampf.

******

Die Weite wird von der Enge bestimmt,

solange die Länge auf ein Minimum ge-

kürzt wird.

******

Rache ist ein Auswuchs von Kampfgeist,

in dem Gerechtigkeit schwammig er-

scheint.

Das wahre „Ich" kann nur durch andere

verändert werden, so lange man das

„Wir" nicht kennt.

******

Absurde Gedanken lassen keine logischen

Taten zu, obwohl die Idee genial er-

scheint.

******

Zeitliche Abgrenzung im „Tun" kann das

„Sein" unbedingt verändern.

Ein Gleichnis ist eine Veränderung im tatsächlichen Gegenüber.

******

Studien zur Erhaltung des Gedankengutes sind einheitlich unbegrenzt in ihrer Art.

******

Wagnisse sind lebende Gefahren.

******

Abbau des Alten und Aufbau des Neuen

bleiben neutral.

******

Veränderungen des Gedankengutes lassen

Taten umformend wirken.

******

Der Wahrheit Ursprung lebt in der Zeit

des Daseins weiter.

******

Glaube ist ein Bekenntnis zur Realität.

******

Kämpfende Armeen sind der Rollstuhl der

Hilflosigkeit.

******

Unfair sind Antworten auf Fragen, die

eine Ungenauigkeit projizieren, die un-

nahbar ist.

******

Ablehnende Worte gehören zur Familie

des „Nein", obwohl das „Vielleicht" ein

Bruder ist.

******

Abwechslungen sind veränderliche Ein-

heiten im Fluss der Gewohnheit.

******

Im Glauben vereint, in der Realität ge-

storben, im Traum schwebend.

Abarten von Gewalt sind verlogene Frie-

densworte im Gewand von Hass.

******

Abweichungen im zentrischen Punkto

sind illegal.

******

Erfolge, basierend auf theoretische Bege-

benheiten, sind fundamental wertlos.

******

Abgaben, zeitlich begrenzter Momente,

dienen nicht dem Standardzyklus.

******

Standardisierungen symbolisieren das

Gleichnis des Außergewöhnlichen zur

Normalität.

******

Akribische Fehlersuche trübt den kla-

ren Blick für das Wesentliche.

Abwechslungen sind zwei Gesichter der

Ungleichheit.

******

Widersprüchliche Gedanken belasten die

logische Basis des Geschehens.

******

Kompensieren wir einheitliche Daten zu

einem kompakten Fluss, stimmen die

Auswahlaspekte überein. Immer!

Ehrgeiz verlangt vollkommene Abgrenzung von unprofessionellen Einzelheiten.

******

Ein punktuelles Gleichnis harmonisiert

mit der Tatsache der Begebenheiten.

******

Einzigartigkeit bekräftigt das ungewöhn-

liche Projekt des Denkens.

******

Zensierungen sind gefährliche Maßstäbe

im Gesetz der Angleichung.

******

Stärke bewaffnet sich mit Mut und der

Terror ist geboren.

******

Akzeptanz heißt nicht unbedingt „Ja".

******

Aberglaube zitiert die abstrakte Gedankenrichtung.

******

Akribische Fehlersuche beeinträchtigt

freien Verlauf eines Praktikers im Ein-

zelfall.

******

Die Definition eines aufkommenden

Satzes untergräbt dessen Sinn bis ins

Kleinste.

Verweilen wir im Moment des Ungesagten, um das Ungehörte zu verdeutlichen.

******

Wir können nur lernen, indem wir Versuche starten und dann bemerken, dass wir Fehler gemacht haben, die nicht gravierend, aber dennoch falsch sind.

******

In der Stille verweilen, sich im Gezeter verlieren.

Es bleibt abzuwarten, ob die Regierung

Hilfe leistet, wenn ja, dann ist es nicht

zu spät, sondern 5 vor zwölf.

******

Nehmen Sie Gesetze als Maßstab für

Fehlerquellen im eigenen Bezirk.

******

Die Notwendigkeit eines Ankers ist

nicht mehr gegeben, wenn das Schiff

gesunken ist.

Unmut ist kampfloses Aufgeben im Stadium des gedanklichen Todes.

******

Vorwürfe decken nicht den Bedarf an

Lehre und Disziplin, sondern evakuieren

sie ins Daseinslose.

******

Der Mensch ist an Eindeutigkeit nicht

zu überbieten.

Die Glaubhaftigkeit leidet unter dem

Druck der Vorstellungen eines vollkom-

menden Zuflusses von Ideen.

******

Beachtenswert sind die Abläufe des Le-

bens, sind sie doch nicht programmier-

bar, aber dennoch erwartend.

******

Spezifikationen sind im Gesamtbild ein-

deutig zu erfassen und erklärbar.

Voraussetzungen bedeuten geplante Merkmale im Zusammenhang mit der Zielsetz-

ung im allgemeinen Sinn.

******

Ein Vergleich ist unlogisch, wenn die Dif-

ferenz erhebliche schwankende Diskre-

panzen aufweist.

******

Gedankliche Unfälle sind harmlos, denn

sie sind Gedanken ohne Taten.

Die Transparenz gesetzlicher Vorgaben

toleriert mit den fragwürdigen Anfragen

der Gesetzesgeber, im Zusammenhang

mit den üblichen Gesetzesänderungen, die

dann doch nicht eintreffen.

******

Der Abgabetermin bleibt unbegründet des-

sen, wofür er gedacht war.

******

Die Ausnahme bleibt, trotz aller Unregelmäßigkeiten auf dem Niveau des Zufalls

bestehen.

******

Die Dispositionsvorgaben sind einzuhalte-

ne Informationen und Daten zur Zielsetz-

ung der allgemeinen Materialbemessungs-

grundlage.

******

Abgrenzende Haushaltsstabilitäten bedürfen äußerst intensiver Kontrollen, jenseits

der Schätzungsaktionen.

******

Anhaltende Diskrepanzen stören das Ge-

samtbild der akuraten Darstellungen.

******

Andauernde Komplikationen ohne Zuhil-

fenahme von Lösungsformationen hin-

dern die Aufklärungsmöglichkeiten.

Kommunikationsprobleme sind änderbar,

wenn sie strukturiert und logisch gehän-

delt werden.

******

Kaufmännische Kontinuierlichkeit trifft

Pedanterie der ersten Stunde.

******

Freiraumoptik gewährleistet Durchblicke

auf höchstem Niveau.

Fragwürdige Geschehnisse verunsichern

die politischen Denkweisen unerhört.

******

Absolute Harmonie beweist angeglichene

Kenntnisse im Nachhinein.

******

Die optimale Gestaltung eines perfekten

Planes, bedarf einer intelligenten Führung

auf der Basis eines exzellenten Denkers.

Liebe ist unaufhaltsam, dicht, untragbar,

lässig und widersprüchlich in sich und

außerdem hell. Warum nicht?

******

Lasst die Qualität siegen, denn die Quanti-

tät überlebt die Prüfung nicht im gerings-

ten.

******

Hört zu, dann braucht ihr nicht zu lau-

schen.

Wenn es einen Planten ohne Sonne gibt,

dann gibt es auch seelenlose Menschen.

Nicht wahr?

******

In Abhängigkeit einer Bewertung, über-

dimensional verankert, funktioniert die

Wiederbelebung eines toten Gedanken

nicht.

******

Die Todesursache ist ersticken, der wahre

Todesgrund ist; er ist gestorben, weil er

traurig war. Taten verlieren durch Tränen

an Bedeutung.

******

Der unbeugsame Glaube an eine Sache,

verhindert den totalen Abbruch auf der

Gedankenebene unter Bezugnahme jeg-

licher Abnormitäten.

******

Der Grund meiner Lüge war eine Unwahrheit, die realer hätte nicht sein können.

******

Fakt ist, dass wir leben. Utopie ist, dass wir versterben, ohne gelebt zu haben.

******

Jede Ursache hat eine Wirkung, die kein Anrecht auf Verständnis genießt.

Eine Unterordnung im eigentlichen Sinne,

birgt große Gefahren, hinsichtlich der

übergeordneten Meinungsvertretung.

******

Gesetze verbergen Verfahrensanweisun-

gen, die sich keiner Beliebtheit erfreuen.

Trennen wir uns von Ihnen, ist Haltlosig-

keit die Norm.

******

Kumuliert man zwei Gedanken, kann aus

einer Idee eine Lösung fließen, auch wenn

man es nicht vorab vermutet.

******

Zentriert man einen Gedanken, um ihn zu

festigen, reduziert sich die Fehlbarkeit

des Tun.

******

Arroganz ist ein Ausdruck von Hilflosig-

keit sich selbst gegenüber.

Wir glauben an ein Morgen, obwohl wir

das Gestern erst Übermorgen verarbeitet

haben.

******

Abstinenz ist kein reeller Weg, um sauber

zu bleiben, sondern um es vorzutäuschen.

In Wahrheit gibt es keinen anderen Weg,

als von vornherein nein zu sagen.

******

Abwechslungsreiche Thematik hinterlässt

Spuren in Gesprächen, wo Langeweile

ausgegrenzt worden ist.

******

Systemänderungen basieren auf klugen

Überlegungen, die einheitlich gesehen,

kompatibel sind.

******

Etwas ist immer gut, wenn man es weiß.

Rede mit mir und ich werde dich lehren,

zentrierte Eigenschaften zu vollziehen.

******

Das grundlegende Wissen in einem Be-

reich ist wertvoll. Der Nutzen solch ei-

nes Wissen ist außerdem komfortabel.

******

Subtrahieren wir die Menschen von der

Erde, dann ist sie rein.

Konstruktives Denken macht glücklich,

wenn darauf wirklich realistische

Taten folgen.

******

Alpträume sind abstrakte Bilder in einem

verhängnisvollen Gewand ohne Ärmel.

******

Sag niemals nie, sondern manchmal

vielleicht.

Halbherzige Kalkulationen im Bereich der

Lebensstabilitäten, bauen auf das Zentrum

der logischen Vorbereitungsphasen.

******

Abstrakte Gebilde lassen sich zu einer

Einheit formen, aber nur unter der Prämis-

se, dass sie trotzdem verwirrt erscheinen

******

Wenn jemand eine Einheit will, muss er

erst eine Mehrheit haben.

Eine gestörte Systemsteuerung beinhaltet

viele Fehlerquellen, die außerhalb der

Kontrollorganismen liegen.

******

Außergewöhnliche Maßnahmen erfordern

außergewöhnliche Ideen und Gedanken

auf logischem Territorium.

******

Nichts ist unmöglich, aber möglich ist

nicht immer alles sofort.

Einmal vereinbarte Konditionen im Vertragswesen, vertreten ihre Gültigkeit im Rahmen der Geschäftsbedingungen, außerhalb der Normgebung.

******

Die Verwertbarkeit von Kenntnissen im Allgemeinen, ist tatsächlich von früheren Lernprozessen abhängig.

******

Veraltete Gesetzesentwürfe behalten ihre

Stabilität, je ungehobelter sie sind.

******

Abgrenzende Maßnahmen im politischen

Sektor, bedürfen mehrere Diskussionsrun-

den, obwohl die Akzeptanz nur geduldet

ist.

******

Pünktlichkeit verliert sich im Strudel der

Wertlosigkeit, als Diskussionspunkt.

Datenveränderungen ergeben sich aus

vielschichtigen Anlässen. Eine darauf-

folgende Korrektur bedarf äußerster Dis-

kretion im Ablauf der Kriterien.

******

Unterbrechungen im Datenfluss behindern

den Ablauf von korrekten Sicherungsein-

heiten im EDV-Bezirk.

******

Abkürzungen im sprachlichen Gebrauch

reduzieren das Verständnis für vollständi-

ge grammatische Vollendungen.

******

Aufbaumaßnahmen im Zuge der Uner-

klärbarkeit von geheimen Anekdoten,

umfassen kritische Gesichtspunkte.

******

Nur, wer sich selbst erklärt, kann von

anderen verstanden werden.

Es grenzt an Haltlosigkeit, wenn Gesetze

äußerst dramatisch verändert werden.

******

Absolute Akzeptanz braucht logische An-

näherungen an das Seltene.

******

Politische Rivalen halten den Kampf auf-

recht, je mehr sie von anderen verachtet

werden. Das Monopol des Polithasses und

dessen Dramatik lebt.

Umschulungen, in jeglicher Hinsicht, ver-

ändern deutlich die Denkweise und das

logische Empfinden auf der Basis von

Lernfrust.

******

Verhaltensmuster sind anerzogen und kön-

nen nur durch absolute Einhaltung von

veränderungswilligen Aspekten positiv

umstrukturiert werden.

******

So, dies ist es nun gewesen. Ich hoffe, dass Sie viel Freude beim Lesen hatten. Mir hat es sehr viel Spaß bereitet, dieses Buch zu schreiben und ich hoffe, dass Sie es Ihren Freunden und Freundinnen weiter empfehlen werden. Sie haben deutlich feststellen können, dass man mit vielen Worten nichts ausdrücken kann. Mein nächstes Buch wird ganz anders werden. Es handelt von meinem Mann, der Diabetiker ist und trotzdem schlank und glücklich lebt. Seine Geschichte, wie er Diabetiker wurde, ist dramatisch und unglaublich zugleich. Ich wünsche mir, dass Sie mal reinschauen. Man kann von seiner Geschichte sehr viel lernen. Nun wünsche ich Ihnen alles Gute, Gesundheit, Frieden und Glückseligkeit.

Bis bald, in diesem Sinne,

Ihre Tina Figge

In diesem Buch werden keine Erklärungen für die Satzstellungen gegeben, da dies zu aufwendig gewesen wäre. Mir liegt vielmehr daran, dass Sie Freude beim Lesen hatten.

Es macht großen Spaß, in die verdutzten Gesichter seiner Bekannten und Freunde zu gucken, wenn man selbst auch einmal solche Redewendungen benutzt. Viele sagen dann: ja, natürlich habe ich dich verstanden, nur um nicht zuzugeben, dass sie eigentlich nichts von alledem verstanden haben. Dabei ist es doch gar nicht so schlimm, wenn man zugibt, dass die Sätze nun sehr schwierig waren. Ich finde, dies ist ein tolles Spiel. Spielen Sie es doch auch.

Bleiben Sie gesund, Ihre Tina Figge

Weitere Bücher von mir im Handel:

Männer sind irgendwie anders

Die flüsternden Stimmen der Engel

Homepage:

www.maennersindirgendwieanders.de

Herstellung und Verlag

BOD Books on Demand, Norderstedt

2011 Tina Figge

ISBN:9783842381377

Für Notizen

Für Notizen

Für Notizen

Für Notizen